PASSWC

WEB SITE :

- USER NAME :
- PASSWORD :
- EMAIL USER :
- NOTE :

WEB SITE :

- USER NAME :
- PASSWORD :
- EMAIL USER :
- NOTE :

WEB SITE :

- USER NAME :
- PASSWORD :
- EMAIL USER :
- NOTE :

WEB SITE :

- USER NAME :
- PASSWORD :
- EMAIL USER :
- NOTE :

C D E F G H I J K L M N O P Q R S T U V W X Y Z

PASSWORD LOG

A
B C D E F G H I J K L M N O P Q R S T U V W X Y Z

WEB SITE :

USER NAME : ....
PASSWORD : ....
EMAIL USER : ....
NOTE : ....

WEB SITE :

USER NAME : ....
PASSWORD : ....
EMAIL USER : ....
NOTE : ....

WEB SITE :

USER NAME : ....
PASSWORD : ....
EMAIL USER : ....
NOTE : ....

WEB SITE :

USER NAME : ....
PASSWORD : ....
EMAIL USER : ....
NOTE : ....

This Password Book Belongs to . . .

....

....

....

....

PASSWORD LOG

A

B C D E F G H I J K L M N O P Q R S T U V W X Y Z

WEB SITE :

USER NAME : ....
PASSWORD : ....
EMAIL USER : ....
NOTE : ....

WEB SITE :

USER NAME : ....
PASSWORD : ....
EMAIL USER : ....
NOTE : ....

WEB SITE :

USER NAME : ....
PASSWORD : ....
EMAIL USER : ....
NOTE : ....

WEB SITE :

USER NAME : ....
PASSWORD : ....
EMAIL USER : ....
NOTE : ....

PASSWORD LOG

A

B C D E F G H I J K L M N O P Q R S T U V W X Y Z

WEB SITE :

- USER NAME : ....
- PASSWORD : ....
- EMAIL USER : ....
- NOTE : ....

WEB SITE :

- USER NAME : ....
- PASSWORD : ....
- EMAIL USER : ....
- NOTE : ....

WEB SITE :

- USER NAME : ....
- PASSWORD : ....
- EMAIL USER : ....
- NOTE : ....

WEB SITE :

- USER NAME : ....
- PASSWORD : ....
- EMAIL USER : ....
- NOTE : ....

PASSWORD LOG

A
B
C
D
E
F
G
H
I
J
K
L
M
N
O
P
Q
R
S
T
U
V
W
X
Y
Z

WEB SITE : ....

USER NAME : ....
PASSWORD : ....
EMAIL USER : ....
NOTE : ....

WEB SITE : ....

USER NAME : ....
PASSWORD : ....
EMAIL USER : ....
NOTE : ....

WEB SITE : ....

USER NAME : ....
PASSWORD : ....
EMAIL USER : ....
NOTE : ....

WEB SITE : ....

USER NAME : ....
PASSWORD : ....
EMAIL USER : ....
NOTE : ....

PASSWORD LOG

B

WEB SITE :
- USER NAME :
- PASSWORD :
- EMAIL USER :
- NOTE :

WEB SITE :
- USER NAME :
- PASSWORD :
- EMAIL USER :
- NOTE :

WEB SITE :
- USER NAME :
- PASSWORD :
- EMAIL USER :
- NOTE :

WEB SITE :
- USER NAME :
- PASSWORD :
- EMAIL USER :
- NOTE :

A C D E F G H I J K L M N O P Q R S T U V W X Y Z

PASSWORD LOG

A
B
C
D
E
F
G
H
I
J
K
L
M
N
O
P
Q
R
S
T
U
V
W
X
Y
Z

WEB SITE :

- USER NAME : ....
- PASSWORD : ....
- EMAIL USER : ....
- NOTE : ....

WEB SITE :

- USER NAME : ....
- PASSWORD : ....
- EMAIL USER : ....
- NOTE : ....

WEB SITE :

- USER NAME : ....
- PASSWORD : ....
- EMAIL USER : ....
- NOTE : ....

WEB SITE :

- USER NAME : ....
- PASSWORD : ....
- EMAIL USER : ....
- NOTE : ....

PASSWORD LOG

B

WEB SITE :

USER NAME : ....
PASSWORD : ....
EMAIL USER : ....
NOTE : ....

WEB SITE :

USER NAME : ....
PASSWORD : ....
EMAIL USER : ....
NOTE : ....

WEB SITE :

USER NAME : ....
PASSWORD : ....
EMAIL USER : ....
NOTE : ....

WEB SITE :

USER NAME : ....
PASSWORD : ....
EMAIL USER : ....
NOTE : ....

A B C D E F G H I J K L M N O P Q R S T U V W X Y Z

PASSWORD LOG

A B C D E F G H I J K L M N O P Q R S T U V W X Y Z

WEB SITE :

USER NAME : ....
PASSWORD : ....
EMAIL USER : ....
NOTE : ....

WEB SITE :

USER NAME : ....
PASSWORD : ....
EMAIL USER : ....
NOTE : ....

WEB SITE :

USER NAME : ....
PASSWORD : ....
EMAIL USER : ....
NOTE : ....

WEB SITE :

USER NAME : ....
PASSWORD : ....
EMAIL USER : ....
NOTE : ....

PASSWORD LOG

WEB SITE :

- USER NAME : ....
- PASSWORD : ....
- EMAIL USER : ....
- NOTE : ....

WEB SITE :

- USER NAME : ....
- PASSWORD : ....
- EMAIL USER : ....
- NOTE : ....

WEB SITE :

- USER NAME : ....
- PASSWORD : ....
- EMAIL USER : ....
- NOTE : ....

WEB SITE :

- USER NAME : ....
- PASSWORD : ....
- EMAIL USER : ....
- NOTE : ....

A B **C** D E F G H I J K L M N O P Q R S T U V W X Y Z

PASSWORD LOG

A B C D E F G H I J K L M N O P Q R S T U V W X Y Z

WEB SITE :

USER NAME : ....
PASSWORD : ....
EMAIL USER : ....
NOTE : ....

WEB SITE :

USER NAME : ....
PASSWORD : ....
EMAIL USER : ....
NOTE : ....

WEB SITE :

USER NAME : ....
PASSWORD : ....
EMAIL USER : ....
NOTE : ....

WEB SITE :

USER NAME : ....
PASSWORD : ....
EMAIL USER : ....
NOTE : ....

PASSWORD LOG

WEB SITE :

- USER NAME : ....
- PASSWORD : ....
- EMAIL USER : ....
- NOTE : ....

WEB SITE :

- USER NAME : ....
- PASSWORD : ....
- EMAIL USER : ....
- NOTE : ....

WEB SITE :

- USER NAME : ....
- PASSWORD : ....
- EMAIL USER : ....
- NOTE : ....

WEB SITE :

- USER NAME : ....
- PASSWORD : ....
- EMAIL USER : ....
- NOTE : ....

A B **C** D E F G H I J K L M N O P Q R S T U V W X Y Z

PASSWORD LOG

A B C **D** E F G H I J K L M N O P Q R S T U V W X Y Z

WEB SITE : ....

USER NAME : ....
PASSWORD : ....
EMAIL USER : ....
NOTE : ....

WEB SITE : ....

USER NAME : ....
PASSWORD : ....
EMAIL USER : ....
NOTE : ....

WEB SITE : ....

USER NAME : ....
PASSWORD : ....
EMAIL USER : ....
NOTE : ....

WEB SITE : ....

USER NAME : ....
PASSWORD : ....
EMAIL USER : ....
NOTE : ....

PASSWORD LOG

WEB SITE :

- USER NAME : ....
- PASSWORD : ....
- EMAIL USER : ....
- NOTE : ....

WEB SITE :

- USER NAME : ....
- PASSWORD : ....
- EMAIL USER : ....
- NOTE : ....

WEB SITE :

- USER NAME : ....
- PASSWORD : ....
- EMAIL USER : ....
- NOTE : ....

WEB SITE :

- USER NAME : ....
- PASSWORD : ....
- EMAIL USER : ....
- NOTE : ....

A B C **D** E F G H I J K L M N O P Q R S T U V W X Y Z

PASSWORD LOG

A B C D E F G H I J K L M N O P Q R S T U V W X Y Z

WEB SITE :

USER NAME : ....
PASSWORD : ....
EMAIL USER : ....
NOTE : ....

WEB SITE :

USER NAME : ....
PASSWORD : ....
EMAIL USER : ....
NOTE : ....

WEB SITE :

USER NAME : ....
PASSWORD : ....
EMAIL USER : ....
NOTE : ....

WEB SITE :

USER NAME : ....
PASSWORD : ....
EMAIL USER : ....
NOTE : ....

PASSWORD LOG

WEB SITE :

- USER NAME : ....
- PASSWORD : ....
- EMAIL USER : ....
- NOTE : ....

WEB SITE :

- USER NAME : ....
- PASSWORD : ....
- EMAIL USER : ....
- NOTE : ....

WEB SITE :

- USER NAME : ....
- PASSWORD : ....
- EMAIL USER : ....
- NOTE : ....

WEB SITE :

- USER NAME : ....
- PASSWORD : ....
- EMAIL USER : ....
- NOTE : ....

A B C **D** E F G H I J K L M N O P Q R S T U V W X Y Z

PASSWORD LOG

A B C D E F G H I J K L M N O P Q R S T U V W X Y Z

WEB SITE :

USER NAME : ....
PASSWORD : ....
EMAIL USER : ....
NOTE : ....

WEB SITE :

USER NAME : ....
PASSWORD : ....
EMAIL USER : ....
NOTE : ....

WEB SITE :

USER NAME : ....
PASSWORD : ....
EMAIL USER : ....
NOTE : ....

WEB SITE :

USER NAME : ....
PASSWORD : ....
EMAIL USER : ....
NOTE : ....

PASSWORD LOG

WEB SITE :

USER NAME : ....
PASSWORD : ....
EMAIL USER : ....
NOTE : ....

WEB SITE :

USER NAME : ....
PASSWORD : ....
EMAIL USER : ....
NOTE : ....

WEB SITE :

USER NAME : ....
PASSWORD : ....
EMAIL USER : ....
NOTE : ....

WEB SITE :

USER NAME : ....
PASSWORD : ....
EMAIL USER : ....
NOTE : ....

A B C D **E** F G H I J K L M N O P Q R S T U V W X Y Z

PASSWORD LOG

A B C D E F G H I J K L M N O P Q R S T U V W X Y Z

WEB SITE :

USER NAME : ....
PASSWORD : ....
EMAIL USER : ....
NOTE : ....

WEB SITE :

USER NAME : ....
PASSWORD : ....
EMAIL USER : ....
NOTE : ....

WEB SITE :

USER NAME : ....
PASSWORD : ....
EMAIL USER : ....
NOTE : ....

WEB SITE :

USER NAME : ....
PASSWORD : ....
EMAIL USER : ....
NOTE : ....

PASSWORD LOG

WEB SITE :

USER NAME : ....
PASSWORD : ....
EMAIL USER : ....
NOTE : ....

WEB SITE :

USER NAME : ....
PASSWORD : ....
EMAIL USER : ....
NOTE : ....

WEB SITE :

USER NAME : ....
PASSWORD : ....
EMAIL USER : ....
NOTE : ....

WEB SITE :

USER NAME : ....
PASSWORD : ....
EMAIL USER : ....
NOTE : ....

A B C D E F G H I J K L M N O P Q R S T U V W X Y Z

PASSWORD LOG

A B C D E F G H I J K L M N O P Q R S T U V W X Y Z

WEB SITE :

USER NAME : ....
PASSWORD : ....
EMAIL USER : ....
NOTE : ....

WEB SITE :

USER NAME : ....
PASSWORD : ....
EMAIL USER : ....
NOTE : ....

WEB SITE :

USER NAME : ....
PASSWORD : ....
EMAIL USER : ....
NOTE : ....

WEB SITE :

USER NAME : ....
PASSWORD : ....
EMAIL USER : ....
NOTE : ....

PASSWORD LOG

WEB SITE :

- USER NAME : ....
- PASSWORD : ....
- EMAIL USER : ....
- NOTE : ....

WEB SITE :

- USER NAME : ....
- PASSWORD : ....
- EMAIL USER : ....
- NOTE : ....

WEB SITE :

- USER NAME : ....
- PASSWORD : ....
- EMAIL USER : ....
- NOTE : ....

WEB SITE :

- USER NAME : ....
- PASSWORD : ....
- EMAIL USER : ....
- NOTE : ....

A B C D E F G H I J K L M N O P Q R S T U V W X Y Z

PASSWORD LOG

A B C D E **F** G H I J K L M N O P Q R S T U V W X Y Z

WEB SITE :

USER NAME : ....
PASSWORD : ....
EMAIL USER : ....
NOTE : ....

WEB SITE :

USER NAME : ....
PASSWORD : ....
EMAIL USER : ....
NOTE : ....

WEB SITE :

USER NAME : ....
PASSWORD : ....
EMAIL USER : ....
NOTE : ....

WEB SITE :

USER NAME : ....
PASSWORD : ....
EMAIL USER : ....
NOTE : ....

PASSWORD LOG

WEB SITE :

- USER NAME : ....
- PASSWORD : ....
- EMAIL USER : ....
- NOTE : ....

WEB SITE :

- USER NAME : ....
- PASSWORD : ....
- EMAIL USER : ....
- NOTE : ....

WEB SITE :

- USER NAME : ....
- PASSWORD : ....
- EMAIL USER : ....
- NOTE : ....

WEB SITE :

- USER NAME : ....
- PASSWORD : ....
- EMAIL USER : ....
- NOTE : ....

A B C D E F G H I J K L M N O P Q R S T U V W X Y Z

PASSWORD LOG

A B C D E F **G** H I J K L M N O P Q R S T U V W X Y Z

WEB SITE :

USER NAME : ....
PASSWORD : ....
EMAIL USER : ....
NOTE : ....

WEB SITE :

USER NAME : ....
PASSWORD : ....
EMAIL USER : ....
NOTE : ....

WEB SITE :

USER NAME : ....
PASSWORD : ....
EMAIL USER : ....
NOTE : ....

WEB SITE :

USER NAME : ....
PASSWORD : ....
EMAIL USER : ....
NOTE : ....

PASSWORD LOG

WEB SITE :

- USER NAME : ....
- PASSWORD : ....
- EMAIL USER : ....
- NOTE : ....

WEB SITE :

- USER NAME : ....
- PASSWORD : ....
- EMAIL USER : ....
- NOTE : ....

WEB SITE :

- USER NAME : ....
- PASSWORD : ....
- EMAIL USER : ....
- NOTE : ....

WEB SITE :

- USER NAME : ....
- PASSWORD : ....
- EMAIL USER : ....
- NOTE : ....

A B C D E F **G** H I J K L M N O P Q R S T U V W X Y Z

PASSWORD LOG

A B C D E F G H I J K L M N O P Q R S T U V W X Y Z

- WEB SITE :
  - USER NAME : ....
  - PASSWORD : ....
  - EMAIL USER : ....
  - NOTE : ....

- WEB SITE :
  - USER NAME : ....
  - PASSWORD : ....
  - EMAIL USER : ....
  - NOTE : ....

- WEB SITE :
  - USER NAME : ....
  - PASSWORD : ....
  - EMAIL USER : ....
  - NOTE : ....

- WEB SITE :
  - USER NAME : ....
  - PASSWORD : ....
  - EMAIL USER : ....
  - NOTE : ....

PASSWORD LOG

WEB SITE :

- USER NAME : ....
- PASSWORD : ....
- EMAIL USER : ....
- NOTE : ....

WEB SITE :

- USER NAME : ....
- PASSWORD : ....
- EMAIL USER : ....
- NOTE : ....

WEB SITE :

- USER NAME : ....
- PASSWORD : ....
- EMAIL USER : ....
- NOTE : ....

WEB SITE :

- USER NAME : ....
- PASSWORD : ....
- EMAIL USER : ....
- NOTE : ....

A B C D E F **G** H I J K L M N O P Q R S T U V W X Y Z

PASSWORD LOG

A B C D E F G H I J K L M N O P Q R S T U V W X Y Z

WEB SITE :

USER NAME : ....
PASSWORD : ....
EMAIL USER : ....
NOTE : ....

WEB SITE :

USER NAME : ....
PASSWORD : ....
EMAIL USER : ....
NOTE : ....

WEB SITE :

USER NAME : ....
PASSWORD : ....
EMAIL USER : ....
NOTE : ....

WEB SITE :

USER NAME : ....
PASSWORD : ....
EMAIL USER : ....
NOTE : ....

PASSWORD LOG

- WEB SITE :
  - USER NAME : ....
  - PASSWORD : ....
  - EMAIL USER : ....
  - NOTE : ....

- WEB SITE :
  - USER NAME : ....
  - PASSWORD : ....
  - EMAIL USER : ....
  - NOTE : ....

- WEB SITE :
  - USER NAME : ....
  - PASSWORD : ....
  - EMAIL USER : ....
  - NOTE : ....

- WEB SITE :
  - USER NAME : ....
  - PASSWORD : ....
  - EMAIL USER : ....
  - NOTE : ....

A B C D E F G **H** I J K L M N O P Q R S T U V W X Y Z

PASSWORD LOG

A B C D E F G H I J K L M N O P Q R S T U V W X Y Z

WEB SITE :

USER NAME : ....
PASSWORD : ....
EMAIL USER : ....
NOTE : ....

WEB SITE :

USER NAME : ....
PASSWORD : ....
EMAIL USER : ....
NOTE : ....

WEB SITE :

USER NAME : ....
PASSWORD : ....
EMAIL USER : ....
NOTE : ....

WEB SITE :

USER NAME : ....
PASSWORD : ....
EMAIL USER : ....
NOTE : ....

PASSWORD LOG

WEB SITE :

USER NAME : ....
PASSWORD : ....
EMAIL USER : ....
NOTE : ....

WEB SITE :

USER NAME : ....
PASSWORD : ....
EMAIL USER : ....
NOTE : ....

WEB SITE :

USER NAME : ....
PASSWORD : ....
EMAIL USER : ....
NOTE : ....

WEB SITE :

USER NAME : ....
PASSWORD : ....
EMAIL USER : ....
NOTE : ....

A B C D E F G **H** I J K L M N O P Q R S T U V W X Y Z

PASSWORD LOG

WEB SITE :

USER NAME : ....
PASSWORD : ....
EMAIL USER : ....
NOTE : ....

WEB SITE :

USER NAME : ....
PASSWORD : ....
EMAIL USER : ....
NOTE : ....

WEB SITE :

USER NAME : ....
PASSWORD : ....
EMAIL USER : ....
NOTE : ....

WEB SITE :

USER NAME : ....
PASSWORD : ....
EMAIL USER : ....
NOTE : ....

PASSWORD LOG

WEB SITE :

USER NAME : ....
PASSWORD : ....
EMAIL USER : ....
NOTE : ....

WEB SITE :

USER NAME : ....
PASSWORD : ....
EMAIL USER : ....
NOTE : ....

WEB SITE :

USER NAME : ....
PASSWORD : ....
EMAIL USER : ....
NOTE : ....

WEB SITE :

USER NAME : ....
PASSWORD : ....
EMAIL USER : ....
NOTE : ....

A B C D E F G H **I** J K L M N O P Q R S T U V W X Y Z

PASSWORD LOG

A B C D E F G H **I** J K L M N O P Q R S T U V W X Y Z

WEB SITE :

USER NAME : ....
PASSWORD : ....
EMAIL USER : ....
NOTE : ....

WEB SITE :

USER NAME : ....
PASSWORD : ....
EMAIL USER : ....
NOTE : ....

WEB SITE :

USER NAME : ....
PASSWORD : ....
EMAIL USER : ....
NOTE : ....

WEB SITE :

USER NAME : ....
PASSWORD : ....
EMAIL USER : ....
NOTE : ....

PASSWORD LOG

WEB SITE :

- USER NAME : ....
- PASSWORD : ....
- EMAIL USER : ....
- NOTE : ....

WEB SITE :

- USER NAME : ....
- PASSWORD : ....
- EMAIL USER : ....
- NOTE : ....

WEB SITE :

- USER NAME : ....
- PASSWORD : ....
- EMAIL USER : ....
- NOTE : ....

WEB SITE :

- USER NAME : ....
- PASSWORD : ....
- EMAIL USER : ....
- NOTE : ....

A B C D E F G H **I** J K L M N O P Q R S T U V W X Y Z

PASSWORD LOG

A B C D E F G H I **J** K L M N O P Q R S T U V W X Y Z

WEB SITE :

USER NAME : ....
PASSWORD : ....
EMAIL USER : ....
NOTE : ....

WEB SITE :

USER NAME : ....
PASSWORD : ....
EMAIL USER : ....
NOTE : ....

WEB SITE :

USER NAME : ....
PASSWORD : ....
EMAIL USER : ....
NOTE : ....

WEB SITE :

USER NAME : ....
PASSWORD : ....
EMAIL USER : ....
NOTE : ....

PASSWORD LOG

WEB SITE :

- USER NAME :
- PASSWORD :
- EMAIL USER :
- NOTE :

WEB SITE :

- USER NAME :
- PASSWORD :
- EMAIL USER :
- NOTE :

WEB SITE :

- USER NAME :
- PASSWORD :
- EMAIL USER :
- NOTE :

WEB SITE :

- USER NAME :
- PASSWORD :
- EMAIL USER :
- NOTE :

A B C D E F G H I **J** K L M N O P Q R S T U V W X Y Z

PASSWORD LOG

A B C D E F G H I **J** K L M N O P Q R S T U V W X Y Z

WEB SITE : ....

- USER NAME : ....
- PASSWORD : ....
- EMAIL USER : ....
- NOTE : ....

WEB SITE : ....

- USER NAME : ....
- PASSWORD : ....
- EMAIL USER : ....
- NOTE : ....

WEB SITE : ....

- USER NAME : ....
- PASSWORD : ....
- EMAIL USER : ....
- NOTE : ....

WEB SITE : ....

- USER NAME : ....
- PASSWORD : ....
- EMAIL USER : ....
- NOTE : ....

PASSWORD LOG

WEB SITE :

- USER NAME : ....
- PASSWORD : ....
- EMAIL USER : ....
- NOTE : ....

WEB SITE :

- USER NAME : ....
- PASSWORD : ....
- EMAIL USER : ....
- NOTE : ....

WEB SITE :

- USER NAME : ....
- PASSWORD : ....
- EMAIL USER : ....
- NOTE : ....

WEB SITE :

- USER NAME : ....
- PASSWORD : ....
- EMAIL USER : ....
- NOTE : ....

A B C D E F G H I **J** K L M N O P Q R S T U V W X Y Z

PASSWORD LOG

A B C D E F G H I J **K** L M N O P Q R S T U V W X Y Z

WEB SITE :

USER NAME : ....
PASSWORD : ....
EMAIL USER : ....
NOTE : ....

WEB SITE :

USER NAME : ....
PASSWORD : ....
EMAIL USER : ....
NOTE : ....

WEB SITE :

USER NAME : ....
PASSWORD : ....
EMAIL USER : ....
NOTE : ....

WEB SITE :

USER NAME : ....
PASSWORD : ....
EMAIL USER : ....
NOTE : ....

PASSWORD LOG

WEB SITE :

- USER NAME : ....
- PASSWORD : ....
- EMAIL USER : ....
- NOTE : ....

WEB SITE :

- USER NAME : ....
- PASSWORD : ....
- EMAIL USER : ....
- NOTE : ....

WEB SITE :

- USER NAME : ....
- PASSWORD : ....
- EMAIL USER : ....
- NOTE : ....

WEB SITE :

- USER NAME : ....
- PASSWORD : ....
- EMAIL USER : ....
- NOTE : ....

A B C D E F G H I J **K** L M N O P Q R S T U V W X Y Z

PASSWORD LOG

A B C D E F G H I J **K** L M N O P Q R S T U V W X Y Z

WEB SITE :

USER NAME : ....
PASSWORD : ....
EMAIL USER : ....
NOTE : ....

WEB SITE :

USER NAME : ....
PASSWORD : ....
EMAIL USER : ....
NOTE : ....

WEB SITE :

USER NAME : ....
PASSWORD : ....
EMAIL USER : ....
NOTE : ....

WEB SITE :

USER NAME : ....
PASSWORD : ....
EMAIL USER : ....
NOTE : ....

PASSWORD LOG

WEB SITE :

- USER NAME : ....
- PASSWORD : ....
- EMAIL USER : ....
- NOTE : ....

WEB SITE :

- USER NAME : ....
- PASSWORD : ....
- EMAIL USER : ....
- NOTE : ....

WEB SITE :

- USER NAME : ....
- PASSWORD : ....
- EMAIL USER : ....
- NOTE : ....

WEB SITE :

- USER NAME : ....
- PASSWORD : ....
- EMAIL USER : ....
- NOTE : ....

A B C D E F G H I J **K** L M N O P Q R S T U V W X Y Z

PASSWORD LOG

A B C D E F G H I J K **L** M N O P Q R S T U V W X Y Z

WEB SITE :

USER NAME : ....
PASSWORD : ....
EMAIL USER : ....
NOTE : ....

WEB SITE :

USER NAME : ....
PASSWORD : ....
EMAIL USER : ....
NOTE : ....

WEB SITE :

USER NAME : ....
PASSWORD : ....
EMAIL USER : ....
NOTE : ....

WEB SITE :

USER NAME : ....
PASSWORD : ....
EMAIL USER : ....
NOTE : ....

PASSWORD LOG

WEB SITE :

USER NAME : ....
PASSWORD : ....
EMAIL USER : ....
NOTE : ....

WEB SITE :

USER NAME : ....
PASSWORD : ....
EMAIL USER : ....
NOTE : ....

WEB SITE :

USER NAME : ....
PASSWORD : ....
EMAIL USER : ....
NOTE : ....

WEB SITE :

USER NAME : ....
PASSWORD : ....
EMAIL USER : ....
NOTE : ....

A B C D E F G H I J K **L** M N O P Q R S T U V W X Y Z

PASSWORD LOG

A B C D E F G H I J K **L** M N O P Q R S T U V W X Y Z

WEB SITE :

USER NAME : ....
PASSWORD : ....
EMAIL USER : ....
NOTE : ....

WEB SITE :

USER NAME : ....
PASSWORD : ....
EMAIL USER : ....
NOTE : ....

WEB SITE :

USER NAME : ....
PASSWORD : ....
EMAIL USER : ....
NOTE : ....

WEB SITE :

USER NAME : ....
PASSWORD : ....
EMAIL USER : ....
NOTE : ....

PASSWORD LOG

WEB SITE :

USER NAME : ....
PASSWORD : ....
EMAIL USER : ....
NOTE : ....

WEB SITE :

USER NAME : ....
PASSWORD : ....
EMAIL USER : ....
NOTE : ....

WEB SITE :

USER NAME : ....
PASSWORD : ....
EMAIL USER : ....
NOTE : ....

WEB SITE :

USER NAME : ....
PASSWORD : ....
EMAIL USER : ....
NOTE : ....

L

A B C D E F G H I J K L M N O P Q R S T U V W X Y Z

PASSWORD LOG

A B C D E F G H I J K L **M** N O P Q R S T U V W X Y Z

WEB SITE :

USER NAME : ....
PASSWORD : ....
EMAIL USER : ....
NOTE : ....

WEB SITE :

USER NAME : ....
PASSWORD : ....
EMAIL USER : ....
NOTE : ....

WEB SITE :

USER NAME : ....
PASSWORD : ....
EMAIL USER : ....
NOTE : ....

WEB SITE :

USER NAME : ....
PASSWORD : ....
EMAIL USER : ....
NOTE : ....

PASSWORD LOG

WEB SITE :

- USER NAME :
- PASSWORD :
- EMAIL USER :
- NOTE :

WEB SITE :

- USER NAME :
- PASSWORD :
- EMAIL USER :
- NOTE :

WEB SITE :

- USER NAME :
- PASSWORD :
- EMAIL USER :
- NOTE :

WEB SITE :

- USER NAME :
- PASSWORD :
- EMAIL USER :
- NOTE :

A B C D E F G H I J K L **M** N O P Q R S T U V W X Y Z

PASSWORD LOG

A B C D E F G H I J K L M N O P Q R S T U V W X Y Z

WEB SITE :

USER NAME : ....
PASSWORD : ....
EMAIL USER : ....
NOTE : ....

WEB SITE :

USER NAME : ....
PASSWORD : ....
EMAIL USER : ....
NOTE : ....

WEB SITE :

USER NAME : ....
PASSWORD : ....
EMAIL USER : ....
NOTE : ....

WEB SITE :

USER NAME : ....
PASSWORD : ....
EMAIL USER : ....
NOTE : ....

PASSWORD LOG

WEB SITE :

- USER NAME : ....
- PASSWORD : ....
- EMAIL USER : ....
- NOTE : ....

WEB SITE :

- USER NAME : ....
- PASSWORD : ....
- EMAIL USER : ....
- NOTE : ....

WEB SITE :

- USER NAME : ....
- PASSWORD : ....
- EMAIL USER : ....
- NOTE : ....

WEB SITE :

- USER NAME : ....
- PASSWORD : ....
- EMAIL USER : ....
- NOTE : ....

A B C D E F G H I J K L **M** N O P Q R S T U V W X Y Z

PASSWORD LOG

A B C D E F G H I J K L M **N** O P Q R S T U V W X Y Z

WEB SITE :

USER NAME : ....
PASSWORD : ....
EMAIL USER : ....
NOTE : ....

WEB SITE :

USER NAME : ....
PASSWORD : ....
EMAIL USER : ....
NOTE : ....

WEB SITE :

USER NAME : ....
PASSWORD : ....
EMAIL USER : ....
NOTE : ....

WEB SITE :

USER NAME : ....
PASSWORD : ....
EMAIL USER : ....
NOTE : ....

PASSWORD LOG

WEB SITE : ....

- USER NAME : ....
- PASSWORD : ....
- EMAIL USER : ....
- NOTE : ....

WEB SITE : ....

- USER NAME : ....
- PASSWORD : ....
- EMAIL USER : ....
- NOTE : ....

WEB SITE : ....

- USER NAME : ....
- PASSWORD : ....
- EMAIL USER : ....
- NOTE : ....

WEB SITE : ....

- USER NAME : ....
- PASSWORD : ....
- EMAIL USER : ....
- NOTE : ....

A B C D E F G H I J K L M **N** O P Q R S T U V W X Y Z

PASSWORD LOG

A B C D E F G H I J K L M **N** O P Q R S T U V W X Y Z

WEB SITE :

USER NAME : ....
PASSWORD : ....
EMAIL USER : ....
NOTE : ....

WEB SITE :

USER NAME : ....
PASSWORD : ....
EMAIL USER : ....
NOTE : ....

WEB SITE :

USER NAME : ....
PASSWORD : ....
EMAIL USER : ....
NOTE : ....

WEB SITE :

USER NAME : ....
PASSWORD : ....
EMAIL USER : ....
NOTE : ....

PASSWORD LOG

WEB SITE :

USER NAME : ....
PASSWORD : ....
EMAIL USER : ....
NOTE : ....

WEB SITE :

USER NAME : ....
PASSWORD : ....
EMAIL USER : ....
NOTE : ....

WEB SITE :

USER NAME : ....
PASSWORD : ....
EMAIL USER : ....
NOTE : ....

WEB SITE :

USER NAME : ....
PASSWORD : ....
EMAIL USER : ....
NOTE : ....

A B C D E F G H I J K L M **N** O P Q R S T U V W X Y Z

PASSWORD LOG

A B C D E F G H I J K L M N O P Q R S T U V W X Y Z

WEB SITE :

USER NAME : ....
PASSWORD : ....
EMAIL USER : ....
NOTE : ....

WEB SITE :

USER NAME : ....
PASSWORD : ....
EMAIL USER : ....
NOTE : ....

WEB SITE :

USER NAME : ....
PASSWORD : ....
EMAIL USER : ....
NOTE : ....

WEB SITE :

USER NAME : ....
PASSWORD : ....
EMAIL USER : ....
NOTE : ....

PASSWORD LOG

WEB SITE :

USER NAME : ....
PASSWORD : ....
EMAIL USER : ....
NOTE : ....

WEB SITE :

USER NAME : ....
PASSWORD : ....
EMAIL USER : ....
NOTE : ....

WEB SITE :

USER NAME : ....
PASSWORD : ....
EMAIL USER : ....
NOTE : ....

WEB SITE :

USER NAME : ....
PASSWORD : ....
EMAIL USER : ....
NOTE : ....

A B C D E F G H I J K L M N **O** P Q R S T U V W X Y Z

PASSWORD LOG

A B C D E F G H I J K L M N O P Q R S T U V W X Y Z

WEB SITE :

USER NAME : ....
PASSWORD : ....
EMAIL USER : ....
NOTE : ....

WEB SITE :

USER NAME : ....
PASSWORD : ....
EMAIL USER : ....
NOTE : ....

WEB SITE :

USER NAME : ....
PASSWORD : ....
EMAIL USER : ....
NOTE : ....

WEB SITE :

USER NAME : ....
PASSWORD : ....
EMAIL USER : ....
NOTE : ....

PASSWORD LOG

WEB SITE : ....

- USER NAME : ....
- PASSWORD : ....
- EMAIL USER : ....
- NOTE : ....

WEB SITE : ....

- USER NAME : ....
- PASSWORD : ....
- EMAIL USER : ....
- NOTE : ....

WEB SITE : ....

- USER NAME : ....
- PASSWORD : ....
- EMAIL USER : ....
- NOTE : ....

WEB SITE : ....

- USER NAME : ....
- PASSWORD : ....
- EMAIL USER : ....
- NOTE : ....

A B C D E F G H I J K L M N **O** P Q R S T U V W X Y Z

PASSWORD LOG

A B C D E F G H I J K L M N O **P** Q R S T U V W X Y Z

WEB SITE : ....

USER NAME : ....
PASSWORD : ....
EMAIL USER : ....
NOTE : ....

WEB SITE : ....

USER NAME : ....
PASSWORD : ....
EMAIL USER : ....
NOTE : ....

WEB SITE : ....

USER NAME : ....
PASSWORD : ....
EMAIL USER : ....
NOTE : ....

WEB SITE : ....

USER NAME : ....
PASSWORD : ....
EMAIL USER : ....
NOTE : ....

PASSWORD LOG

WEB SITE :

- USER NAME :
- PASSWORD :
- EMAIL USER :
- NOTE :

WEB SITE :

- USER NAME :
- PASSWORD :
- EMAIL USER :
- NOTE :

WEB SITE :

- USER NAME :
- PASSWORD :
- EMAIL USER :
- NOTE :

WEB SITE :

- USER NAME :
- PASSWORD :
- EMAIL USER :
- NOTE :

A B C D E F G H I J K L M N O **P** Q R S T U V W X Y Z

PASSWORD LOG

A B C D E F G H I J K L M N O **P** Q R S T U V W X Y Z

WEB SITE :

USER NAME : ....
PASSWORD : ....
EMAIL USER : ....
NOTE : ....

WEB SITE :

USER NAME : ....
PASSWORD : ....
EMAIL USER : ....
NOTE : ....

WEB SITE :

USER NAME : ....
PASSWORD : ....
EMAIL USER : ....
NOTE : ....

WEB SITE :

USER NAME : ....
PASSWORD : ....
EMAIL USER : ....
NOTE : ....

PASSWORD LOG

WEB SITE :

USER NAME : ....
PASSWORD : ....
EMAIL USER : ....
NOTE : ....

WEB SITE :

USER NAME : ....
PASSWORD : ....
EMAIL USER : ....
NOTE : ....

WEB SITE :

USER NAME : ....
PASSWORD : ....
EMAIL USER : ....
NOTE : ....

WEB SITE :

USER NAME : ....
PASSWORD : ....
EMAIL USER : ....
NOTE : ....

A B C D E F G H I J K L M N O **P** Q R S T U V W X Y Z

PASSWORD LOG

A B C D E F G H I J K L M N O P Q R S T U V W X Y Z

WEB SITE :

USER NAME : ....
PASSWORD : ....
EMAIL USER : ....
NOTE : ....

WEB SITE :

USER NAME : ....
PASSWORD : ....
EMAIL USER : ....
NOTE : ....

WEB SITE :

USER NAME : ....
PASSWORD : ....
EMAIL USER : ....
NOTE : ....

WEB SITE :

USER NAME : ....
PASSWORD : ....
EMAIL USER : ....
NOTE : ....

PASSWORD LOG

WEB SITE : ....

- USER NAME : ....
- PASSWORD : ....
- EMAIL USER : ....
- NOTE : ....

WEB SITE : ....

- USER NAME : ....
- PASSWORD : ....
- EMAIL USER : ....
- NOTE : ....

WEB SITE : ....

- USER NAME : ....
- PASSWORD : ....
- EMAIL USER : ....
- NOTE : ....

WEB SITE : ....

- USER NAME : ....
- PASSWORD : ....
- EMAIL USER : ....
- NOTE : ....

A B C D E F G H I J K L M N O P **Q** R S T U V W X Y Z

PASSWORD LOG

WEB SITE :

USER NAME : ....
PASSWORD : ....
EMAIL USER : ....
NOTE : ....

WEB SITE :

USER NAME : ....
PASSWORD : ....
EMAIL USER : ....
NOTE : ....

WEB SITE :

USER NAME : ....
PASSWORD : ....
EMAIL USER : ....
NOTE : ....

WEB SITE :

USER NAME : ....
PASSWORD : ....
EMAIL USER : ....
NOTE : ....

Q

PASSWORD LOG

WEB SITE :

USER NAME : ....
PASSWORD : ....
EMAIL USER : ....
NOTE : ....

WEB SITE :

USER NAME : ....
PASSWORD : ....
EMAIL USER : ....
NOTE : ....

WEB SITE :

USER NAME : ....
PASSWORD : ....
EMAIL USER : ....
NOTE : ....

WEB SITE :

USER NAME : ....
PASSWORD : ....
EMAIL USER : ....
NOTE : ....

A B C D E F G H I J K L M N O P **Q** R S T U V W X Y Z

PASSWORD LOG

A
B
C
D
E
F
G
H
I
J
K
L
M
N
O
P
Q
R
S
T
U
V
W
X
Y
Z

WEB SITE : ....

- USER NAME : ....
- PASSWORD : ....
- EMAIL USER : ....
- NOTE : ....

WEB SITE : ....

- USER NAME : ....
- PASSWORD : ....
- EMAIL USER : ....
- NOTE : ....

WEB SITE : ....

- USER NAME : ....
- PASSWORD : ....
- EMAIL USER : ....
- NOTE : ....

WEB SITE : ....

- USER NAME : ....
- PASSWORD : ....
- EMAIL USER : ....
- NOTE : ....

PASSWORD LOG

WEB SITE :

USER NAME : ....
PASSWORD : ....
EMAIL USER : ....
NOTE : ....

WEB SITE :

USER NAME : ....
PASSWORD : ....
EMAIL USER : ....
NOTE : ....

WEB SITE :

USER NAME : ....
PASSWORD : ....
EMAIL USER : ....
NOTE : ....

WEB SITE :

USER NAME : ....
PASSWORD : ....
EMAIL USER : ....
NOTE : ....

A B C D E F G H I J K L M N O P Q **R** S T U V W X Y Z

PASSWORD LOG

A B C D E F G H I J K L M N O P Q R S T U V W X Y Z

WEB SITE :

USER NAME : ....
PASSWORD : ....
EMAIL USER : ....
NOTE : ....

WEB SITE :

USER NAME : ....
PASSWORD : ....
EMAIL USER : ....
NOTE : ....

WEB SITE :

USER NAME : ....
PASSWORD : ....
EMAIL USER : ....
NOTE : ....

WEB SITE :

USER NAME : ....
PASSWORD : ....
EMAIL USER : ....
NOTE : ....

PASSWORD LOG

WEB SITE :

USER NAME : ....
PASSWORD : ....
EMAIL USER : ....
NOTE : ....

WEB SITE :

USER NAME : ....
PASSWORD : ....
EMAIL USER : ....
NOTE : ....

WEB SITE :

USER NAME : ....
PASSWORD : ....
EMAIL USER : ....
NOTE : ....

WEB SITE :

USER NAME : ....
PASSWORD : ....
EMAIL USER : ....
NOTE : ....

R

PASSWORD LOG

A
B
C
D
E
F
G
H
I
J
K
L
M
N
O
P
Q
R
S
T
U
V
W
X
Y
Z

WEB SITE :

USER NAME : ....
PASSWORD : ....
EMAIL USER : ....
NOTE : ....

WEB SITE :

USER NAME : ....
PASSWORD : ....
EMAIL USER : ....
NOTE : ....

WEB SITE :

USER NAME : ....
PASSWORD : ....
EMAIL USER : ....
NOTE : ....

WEB SITE :

USER NAME : ....
PASSWORD : ....
EMAIL USER : ....
NOTE : ....

PASSWORD LOG

WEB SITE :

USER NAME : ....
PASSWORD : ....
EMAIL USER : ....
NOTE : ....

WEB SITE :

USER NAME : ....
PASSWORD : ....
EMAIL USER : ....
NOTE : ....

WEB SITE :

USER NAME : ....
PASSWORD : ....
EMAIL USER : ....
NOTE : ....

WEB SITE :

USER NAME : ....
PASSWORD : ....
EMAIL USER : ....
NOTE : ....

A B C D E F G H I J K L M N O P Q R **S** T U V W X Y Z

PASSWORD LOG

A B C D E F G H I J K L M N O P Q R **S** T U V W X Y Z

WEB SITE :

USER NAME : ....
PASSWORD : ....
EMAIL USER : ....
NOTE : ....

WEB SITE :

USER NAME : ....
PASSWORD : ....
EMAIL USER : ....
NOTE : ....

WEB SITE :

USER NAME : ....
PASSWORD : ....
EMAIL USER : ....
NOTE : ....

WEB SITE :

USER NAME : ....
PASSWORD : ....
EMAIL USER : ....
NOTE : ....

PASSWORD LOG

WEB SITE :

USER NAME : ....
PASSWORD : ....
EMAIL USER : ....
NOTE : ....

WEB SITE :

USER NAME : ....
PASSWORD : ....
EMAIL USER : ....
NOTE : ....

WEB SITE :

USER NAME : ....
PASSWORD : ....
EMAIL USER : ....
NOTE : ....

WEB SITE :

USER NAME : ....
PASSWORD : ....
EMAIL USER : ....
NOTE : ....

A B C D E F G H I J K L M N O P Q R **S** T U V W X Y Z

PASSWORD LOG

A B C D E F G H I J K L M N O P Q R S **T** U V W X Y Z

WEB SITE : ....

USER NAME : ....
PASSWORD : ....
EMAIL USER : ....
NOTE : ....

WEB SITE : ....

USER NAME : ....
PASSWORD : ....
EMAIL USER : ....
NOTE : ....

WEB SITE : ....

USER NAME : ....
PASSWORD : ....
EMAIL USER : ....
NOTE : ....

WEB SITE : ....

USER NAME : ....
PASSWORD : ....
EMAIL USER : ....
NOTE : ....

PASSWORD LOG

WEB SITE :

USER NAME : ....
PASSWORD : ....
EMAIL USER : ....
NOTE : ....

WEB SITE :

USER NAME : ....
PASSWORD : ....
EMAIL USER : ....
NOTE : ....

WEB SITE :

USER NAME : ....
PASSWORD : ....
EMAIL USER : ....
NOTE : ....

WEB SITE :

USER NAME : ....
PASSWORD : ....
EMAIL USER : ....
NOTE : ....

A B C D E F G H I J K L M N O P Q R S **T** U V W X Y Z

PASSWORD LOG

A B C D E F G H I J K L M N O P Q R S **T** U V W X Y Z

WEB SITE :

USER NAME : ....
PASSWORD : ....
EMAIL USER : ....
NOTE : ....

WEB SITE :

USER NAME : ....
PASSWORD : ....
EMAIL USER : ....
NOTE : ....

WEB SITE :

USER NAME : ....
PASSWORD : ....
EMAIL USER : ....
NOTE : ....

WEB SITE :

USER NAME : ....
PASSWORD : ....
EMAIL USER : ....
NOTE : ....

PASSWORD LOG

WEB SITE :

- USER NAME : ....
- PASSWORD : ....
- EMAIL USER : ....
- NOTE : ....

WEB SITE :

- USER NAME : ....
- PASSWORD : ....
- EMAIL USER : ....
- NOTE : ....

WEB SITE :

- USER NAME : ....
- PASSWORD : ....
- EMAIL USER : ....
- NOTE : ....

WEB SITE :

- USER NAME : ....
- PASSWORD : ....
- EMAIL USER : ....
- NOTE : ....

A B C D E F G H I J K L M N O P Q R S **T** U V W X Y Z

PASSWORD LOG

A
B
C
D
E
F
G
H
I
J
K
L
M
N
O
P
Q
R
S
T
U
V
W
X
Y
Z

WEB SITE :

USER NAME : ....
PASSWORD : ....
EMAIL USER : ....
NOTE : ....

WEB SITE :

USER NAME : ....
PASSWORD : ....
EMAIL USER : ....
NOTE : ....

WEB SITE :

USER NAME : ....
PASSWORD : ....
EMAIL USER : ....
NOTE : ....

WEB SITE :

USER NAME : ....
PASSWORD : ....
EMAIL USER : ....
NOTE : ....

PASSWORD LOG

WEB SITE :

- USER NAME : ....
- PASSWORD : ....
- EMAIL USER : ....
- NOTE : ....

WEB SITE :

- USER NAME : ....
- PASSWORD : ....
- EMAIL USER : ....
- NOTE : ....

WEB SITE :

- USER NAME : ....
- PASSWORD : ....
- EMAIL USER : ....
- NOTE : ....

WEB SITE :

- USER NAME : ....
- PASSWORD : ....
- EMAIL USER : ....
- NOTE : ....

A B C D E F G H I J K L M N O P Q R S T **U** V W X Y Z

PASSWORD LOG

A B C D E F G H I J K L M N O P Q R S T U V W X Y Z

WEB SITE :

USER NAME : ....
PASSWORD : ....
EMAIL USER : ....
NOTE : ....

WEB SITE :

USER NAME : ....
PASSWORD : ....
EMAIL USER : ....
NOTE : ....

WEB SITE :

USER NAME : ....
PASSWORD : ....
EMAIL USER : ....
NOTE : ....

WEB SITE :

USER NAME : ....
PASSWORD : ....
EMAIL USER : ....
NOTE : ....

PASSWORD LOG

WEB SITE :

USER NAME : ....
PASSWORD : ....
EMAIL USER : ....
NOTE : ....

WEB SITE :

USER NAME : ....
PASSWORD : ....
EMAIL USER : ....
NOTE : ....

WEB SITE :

USER NAME : ....
PASSWORD : ....
EMAIL USER : ....
NOTE : ....

WEB SITE :

USER NAME : ....
PASSWORD : ....
EMAIL USER : ....
NOTE : ....

A B C D E F G H I J K L M N O P Q R S T **U** V W X Y Z

PASSWORD LOG

A B C D E F G H I J K L M N O P Q R S T U V W X Y Z

WEB SITE :

USER NAME : ....
PASSWORD : ....
EMAIL USER : ....
NOTE : ....

WEB SITE :

USER NAME : ....
PASSWORD : ....
EMAIL USER : ....
NOTE : ....

WEB SITE :

USER NAME : ....
PASSWORD : ....
EMAIL USER : ....
NOTE : ....

WEB SITE :

USER NAME : ....
PASSWORD : ....
EMAIL USER : ....
NOTE : ....

PASSWORD LOG

WEB SITE :

USER NAME : ....
PASSWORD : ....
EMAIL USER : ....
NOTE : ....

WEB SITE :

USER NAME : ....
PASSWORD : ....
EMAIL USER : ....
NOTE : ....

WEB SITE :

USER NAME : ....
PASSWORD : ....
EMAIL USER : ....
NOTE : ....

WEB SITE :

USER NAME : ....
PASSWORD : ....
EMAIL USER : ....
NOTE : ....

A B C D E F G H I J K L M N O P Q R S T U **V** W X Y Z

PASSWORD LOG

A
B
C
D
E
F
G
H
I
J
K
L
M
N
O
P
Q
R
S
T
U
V
W
X
Y
Z

WEB SITE :

USER NAME : ....
PASSWORD : ....
EMAIL USER : ....
NOTE : ....

WEB SITE :

USER NAME : ....
PASSWORD : ....
EMAIL USER : ....
NOTE : ....

WEB SITE :

USER NAME : ....
PASSWORD : ....
EMAIL USER : ....
NOTE : ....

WEB SITE :

USER NAME : ....
PASSWORD : ....
EMAIL USER : ....
NOTE : ....

PASSWORD LOG

WEB SITE :

USER NAME : ....
PASSWORD : ....
EMAIL USER : ....
NOTE : ....

WEB SITE :

USER NAME : ....
PASSWORD : ....
EMAIL USER : ....
NOTE : ....

WEB SITE :

USER NAME : ....
PASSWORD : ....
EMAIL USER : ....
NOTE : ....

WEB SITE :

USER NAME : ....
PASSWORD : ....
EMAIL USER : ....
NOTE : ....

A B C D E F G H I J K L M N O P Q R S T U **V** W X Y Z

PASSWORD LOG

A B C D E F G H I J K L M N O P Q R S T U V **W** X Y Z

WEB SITE : ....

USER NAME : ....
PASSWORD : ....
EMAIL USER : ....
NOTE : ....

WEB SITE : ....

USER NAME : ....
PASSWORD : ....
EMAIL USER : ....
NOTE : ....

WEB SITE : ....

USER NAME : ....
PASSWORD : ....
EMAIL USER : ....
NOTE : ....

WEB SITE : ....

USER NAME : ....
PASSWORD : ....
EMAIL USER : ....
NOTE : ....

PASSWORD LOG

WEB SITE : ....

- USER NAME : ....
- PASSWORD : ....
- EMAIL USER : ....
- NOTE : ....

WEB SITE : ....

- USER NAME : ....
- PASSWORD : ....
- EMAIL USER : ....
- NOTE : ....

WEB SITE : ....

- USER NAME : ....
- PASSWORD : ....
- EMAIL USER : ....
- NOTE : ....

WEB SITE : ....

- USER NAME : ....
- PASSWORD : ....
- EMAIL USER : ....
- NOTE : ....

A B C D E F G H I J K L M N O P Q R S T U V **W** X Y Z

PASSWORD LOG

A B C D E F G H I J K L M N O P Q R S T U V W X Y Z

WEB SITE : ....

- USER NAME : ....
- PASSWORD : ....
- EMAIL USER : ....
- NOTE : ....

WEB SITE : ....

- USER NAME : ....
- PASSWORD : ....
- EMAIL USER : ....
- NOTE : ....

WEB SITE : ....

- USER NAME : ....
- PASSWORD : ....
- EMAIL USER : ....
- NOTE : ....

WEB SITE : ....

- USER NAME : ....
- PASSWORD : ....
- EMAIL USER : ....
- NOTE : ....

PASSWORD LOG

WEB SITE :

- USER NAME :
- PASSWORD :
- EMAIL USER :
- NOTE :

WEB SITE :

- USER NAME :
- PASSWORD :
- EMAIL USER :
- NOTE :

WEB SITE :

- USER NAME :
- PASSWORD :
- EMAIL USER :
- NOTE :

WEB SITE :

- USER NAME :
- PASSWORD :
- EMAIL USER :
- NOTE :

A B C D E F G H I J K L M N O P Q R S T U V **W** X Y Z

PASSWORD LOG

A B C D E F G H I J K L M N O P Q R S T U V W X Y Z

WEB SITE :

USER NAME : ....
PASSWORD : ....
EMAIL USER : ....
NOTE : ....

WEB SITE :

USER NAME : ....
PASSWORD : ....
EMAIL USER : ....
NOTE : ....

WEB SITE :

USER NAME : ....
PASSWORD : ....
EMAIL USER : ....
NOTE : ....

WEB SITE :

USER NAME : ....
PASSWORD : ....
EMAIL USER : ....
NOTE : ....

PASSWORD LOG

WEB SITE :

- USER NAME : ....
- PASSWORD : ....
- EMAIL USER : ....
- NOTE : ....

WEB SITE :

- USER NAME : ....
- PASSWORD : ....
- EMAIL USER : ....
- NOTE : ....

WEB SITE :

- USER NAME : ....
- PASSWORD : ....
- EMAIL USER : ....
- NOTE : ....

WEB SITE :

- USER NAME : ....
- PASSWORD : ....
- EMAIL USER : ....
- NOTE : ....

A B C D E F G H I J K L M N O P Q R S T U V W **X** Y Z

PASSWORD LOG

A B C D E F G H I J K L M N O P Q R S T U V W X Y Z

WEB SITE :

USER NAME : ....
PASSWORD : ....
EMAIL USER : ....
NOTE : ....

WEB SITE :

USER NAME : ....
PASSWORD : ....
EMAIL USER : ....
NOTE : ....

WEB SITE :

USER NAME : ....
PASSWORD : ....
EMAIL USER : ....
NOTE : ....

WEB SITE :

USER NAME : ....
PASSWORD : ....
EMAIL USER : ....
NOTE : ....

PASSWORD LOG

WEB SITE :

USER NAME : ....
PASSWORD : ....
EMAIL USER : ....
NOTE : ....

WEB SITE :

USER NAME : ....
PASSWORD : ....
EMAIL USER : ....
NOTE : ....

WEB SITE :

USER NAME : ....
PASSWORD : ....
EMAIL USER : ....
NOTE : ....

WEB SITE :

USER NAME : ....
PASSWORD : ....
EMAIL USER : ....
NOTE : ....

A B C D E F G H I J K L M N O P Q R S T U V W **X** Y Z

PASSWORD LOG

A B C D E F G H I J K L M N O P Q R S T U V W X Y Z

WEB SITE :

USER NAME : ....
PASSWORD : ....
EMAIL USER : ....
NOTE : ....

WEB SITE :

USER NAME : ....
PASSWORD : ....
EMAIL USER : ....
NOTE : ....

WEB SITE :

USER NAME : ....
PASSWORD : ....
EMAIL USER : ....
NOTE : ....

WEB SITE :

USER NAME : ....
PASSWORD : ....
EMAIL USER : ....
NOTE : ....

PASSWORD LOG

WEB SITE :

- USER NAME : ....
- PASSWORD : ....
- EMAIL USER : ....
- NOTE : ....

WEB SITE :

- USER NAME : ....
- PASSWORD : ....
- EMAIL USER : ....
- NOTE : ....

WEB SITE :

- USER NAME : ....
- PASSWORD : ....
- EMAIL USER : ....
- NOTE : ....

WEB SITE :

- USER NAME : ....
- PASSWORD : ....
- EMAIL USER : ....
- NOTE : ....

A B C D E F G H I J K L M N O P Q R S T U V W X **Y** Z

PASSWORD LOG

A B C D E F G H I J K L M N O P Q R S T U V W X Y Z

WEB SITE :

USER NAME : ....
PASSWORD : ....
EMAIL USER : ....
NOTE : ....

WEB SITE :

USER NAME : ....
PASSWORD : ....
EMAIL USER : ....
NOTE : ....

WEB SITE :

USER NAME : ....
PASSWORD : ....
EMAIL USER : ....
NOTE : ....

WEB SITE :

USER NAME : ....
PASSWORD : ....
EMAIL USER : ....
NOTE : ....

PASSWORD LOG

WEB SITE :

USER NAME : ....
PASSWORD : ....
EMAIL USER : ....
NOTE : ....

WEB SITE :

USER NAME : ....
PASSWORD : ....
EMAIL USER : ....
NOTE : ....

WEB SITE :

USER NAME : ....
PASSWORD : ....
EMAIL USER : ....
NOTE : ....

WEB SITE :

USER NAME : ....
PASSWORD : ....
EMAIL USER : ....
NOTE : ....

A B C D E F G H I J K L M N O P Q R S T U V W X **Y** Z

PASSWORD LOG

A B C D E F G H I J K L M N O P Q R S T U V W X Y Z

WEB SITE :

USER NAME : ....
PASSWORD : ....
EMAIL USER : ....
NOTE : ....

WEB SITE :

USER NAME : ....
PASSWORD : ....
EMAIL USER : ....
NOTE : ....

WEB SITE :

USER NAME : ....
PASSWORD : ....
EMAIL USER : ....
NOTE : ....

WEB SITE :

USER NAME : ....
PASSWORD : ....
EMAIL USER : ....
NOTE : ....

PASSWORD LOG

WEB SITE :

USER NAME : ....
PASSWORD : ....
EMAIL USER : ....
NOTE : ....

WEB SITE :

USER NAME : ....
PASSWORD : ....
EMAIL USER : ....
NOTE : ....

WEB SITE :

USER NAME : ....
PASSWORD : ....
EMAIL USER : ....
NOTE : ....

WEB SITE :

USER NAME : ....
PASSWORD : ....
EMAIL USER : ....
NOTE : ....

A B C D E F G H I J K L M N O P Q R S T U V W X Y **Z**

PASSWORD LOG

A B C D E F G H I J K L M N O P Q R S T U V W X Y

WEB SITE :

USER NAME : ....
PASSWORD : ....
EMAIL USER : ....
NOTE : ....

WEB SITE :

USER NAME : ....
PASSWORD : ....
EMAIL USER : ....
NOTE : ....

WEB SITE :

USER NAME : ....
PASSWORD : ....
EMAIL USER : ....
NOTE : ....

WEB SITE :

USER NAME : ....
PASSWORD : ....
EMAIL USER : ....
NOTE : ....

PASSWORD LOG

WEB SITE :

USER NAME : ....
PASSWORD : ....
EMAIL USER : ....
NOTE : ....

WEB SITE :

USER NAME : ....
PASSWORD : ....
EMAIL USER : ....
NOTE : ....

WEB SITE :

USER NAME : ....
PASSWORD : ....
EMAIL USER : ....
NOTE : ....

WEB SITE :

USER NAME : ....
PASSWORD : ....
EMAIL USER : ....
NOTE : ....

A B C D E F G H I J K L M N O P Q R S T U V W X Y **Z**

USEFUL INTERNET & COMPUTER INFORMATION

INTERNET SERVICE PROVIDER NAME:

ACCOUNT NUMBER:

TECH SUPPORT:

CUSTOMER SERVICE:

NOTE:

ROUTER/WIRELESS ACCESS POINT

MODEL NUMBER:

SERIAL NUMBER:

OUTGOING SERVER:

DEFAULT USERNAME:

DEFAULT PASSWORD:

USER DEFAINED RL/IP ADDRESS:

USER DEFAINED USERNAME:

USER DEFAINED PASSWORD

NOTE:

DOMAIN INFORMATION

DOMAIN NAME:

HOST ADDRESS:

USERNAME:

PASSWORD:

TECH SUPPORT:

CUSTOMER SERVICE:

NOTE:

EMAIL PERSONAL

MAIL SERVER TYPE:

INCOMING SERVER:

OUTGOING SERVER:

USERNAME:

PASSWORD:

EMAIL WORK

MAIL SERVER TYPE:

INCOMING SERVER:

OUTGOING SERVER:

USERNAME:

PASSWORD:

NOTES

NOTES

NOTES

NOTES

NOTES

NOTES

NOTES

NOTES

NOTES

NOTES

NOTES

NOTES